Prima edizione: febbraio 2023

Qualsiasi forma di riproduzione, distribuzione, comunicazione pubblica o trasformazione di quest'opera può essere effettuata solo con l'autorizzazione dell'autore, salvo nei casi previsti dalla legge.

Scopri la potenza di ChatGPT:Luila guida definitiva-

© R. Tondo 2023 Tutti i diritti riservati

Pubblicazione diretta Kindle

ISBN: 9798377428596

Ray Mondo Tondo

Scopri il potere di ChatGPT:

la guida definitiva

A Paola, amorosament

Prologo

Negli ultimi anni l'Intelligenza Artificiale ha assunto un ruolo sempre più importante nelle nostre vite, cambiando il modo in cui lavoriamo, ci divertiamo e comunichiamo. Uno degli sviluppi più interessanti in quest'area è ChatGPT, un sistema di intelligenza artificiale sviluppato da OpenAI che consente agli utenti di interagire con la tecnologia in modo naturale e conversazionale.

Questo libro esplora l'evoluzione dell'intelligenza artificiale, il funzionamento di ChatGPT e delle sue applicazioni, nonché le considerazioni etiche e sulla privacy che devono essere prese in considerazione quando si utilizza questo tipo di tecnologia. Discuteremo anche dell'impatto che ChatGPT ha sulla società e sull'economia, così come il suo futuro e le implicazioni etiche e sulla privacy che derivano dal suo utilizzo.

Se sei interessato a saperne di più su ChatGPT o se vuoi capire come l'IA sta cambiando il mondo in cui viviamo, questo libro è per te. Dalle basi alle considerazioni più avanzate, ti guideremo attraverso un viaggio attraverso l'universo di AI e ChatGPT in particolare.

Questo libro è stato scritto. praticamente tutto,
tramite ChatGTP, solo rispondendo domande
dall'autore.

indice

Introduzione

Negli ultimi anni l'Intelligenza Artificiale ha assunto un ruolo sempre più importante nelle nostre vite, cambiando il modo in cui lavoriamo, ci divertiamo e comunichiamo. Uno degli sviluppi più interessanti in quest'area è ChatGPT, un sistema di intelligenza artificiale sviluppato da OpenAI che consente agli utenti di interagire con la tecnologia in modo naturale e conversazionale.

Questo libro esplora l'evoluzione dell'intelligenza artificiale, il funzionamento di ChatGPT e delle sue applicazioni, nonché le considerazioni etiche e sulla privacy che devono essere prese in considerazione quando si utilizza questo tipo di tecnologia. Discuteremo anche dell'impatto che ChatGPT ha sulla società e sull'economia, così come il suo futuro e le implicazioni etiche e sulla privacy che derivano dal suo utilizzo.

Se sei interessato a saperne di più su ChatGPT o se vuoi capire come l'IA sta cambiando il mondo in cui viviamo, questo libro è per te. Dalle basi alle considerazioni più avanzate, ti guideremo attraverso un viaggio attraverso l'universo di AI e ChatGPT in particolare.

1. Cos'è l'Intelligenza Artificiale?

L'Intelligenza Artificiale (AI) è una branca dell'informatica che si occupa della creazione di sistemi in grado di svolgere compiti che, fino ad oggi, richiedevano l'intelligenza umana. Questi sistemi possono essere programmati per apprendere, ragionare e prendere decisioni e sono in grado di elaborare grandi quantità di informazioni in tempo reale.

L'Intelligenza Artificiale si basa sull'idea che una macchina può essere programmata per imitare l'intelligenza umana. I progressi nella tecnologia dell'informazione e dei dati, così come l'aumento della potenza di elaborazione, hanno permesso all'Intelligenza Artificiale di evolversi rapidamente negli ultimi decenni. Oggi l'intelligenza artificiale viene utilizzata in una varietà di applicazioni, dagli assistenti virtuali ai sistemi diagnostici medici e all'analisi finanziaria.

Esistono vari tipi di intelligenza artificiale, tra cui l'apprendimento automatico, l'elaborazione del linguaggio naturale, la visione artificiale e la robotica. Ogni tipo di IA si concentra su un compito specifico e utilizza tecniche e algoritmi specifici per raggiungere i propri obiettivi.

Con lo sviluppo dell'IA, stanno emergendo anche nuove sfide etiche e tecniche, come la privacy dei dati e la responsabilità per le decisioni prese dalle macchine. È importante affrontare queste sfide mentre l'IA continua ad evolversi e viene utilizzata in un numero sempre maggiore di applicazioni.

A) STORIA DELL'IA

La storia dell'Intelligenza Artificiale risale agli anni '50, quando il matematico britannico Alan Turing propose il concetto di "macchina pensante". Turing ha sostenuto che una macchina potrebbe essere programmata per imitare l'intelligenza umana e che sarebbe quindi difficile per un essere umano dire se sta parlando con un essere umano o una macchina. Questo concetto è noto come "Test di Turing".

A metà degli anni Cinquanta, il ricercatore americano John McCarthy organizzò il primo seminario sull'Intelligenza Artificiale al Dartmouth College, in cui l'Intelligenza Artificiale veniva definita come "lo studio e la progettazione di sistemi in grado di svolgere compiti che richiedono l'intelligenza umana". Da allora, l'Intelligenza Artificiale si è sviluppata rapidamente ed è stata influenzata da numerosi progressi tecnologici e scientifici.

Durante gli anni '60 e '70, l'Intelligenza Artificiale conobbe una svolta, soprattutto nel campo della robotica e dell'apprendimento automatico. Sono stati sviluppati algoritmi e tecniche di apprendimento automatico, come l'algoritmo di apprendimento del vicino più vicino e l'algoritmo di regressione lineare. Sono stati creati anche semplici sistemi di intelligenza artificiale, come ELIZA, un programma di chat testuale che simula uno psicoterapeuta.

Durante gli anni '80 e '90, l'Intelligenza Artificiale ha vissuto un periodo di stagnazione a causa della mancanza di progressi tecnologici significativi e della mancanza di fondi. Tuttavia, con lo sviluppo della tecnologia dell'informazione e dei dati, l'intelligenza artificiale ha registrato una rinascita negli anni 2000.

Oggi, l'intelligenza artificiale viene utilizzata in un'ampia varietà di applicazioni, dai sistemi di raccomandazione online agli assistenti virtuali come Siri e Alexa. Inoltre, il deep learning e la visione artificiale stanno consentendo una maggiore automazione in settori come la produzione, la medicina e l'agricoltura.

Man mano che l'Intelligenza Artificiale continua ad evolversi, si prevede che avrà un impatto crescente sulla società e sull'economia, aprendo nuove possibilità per la ricerca e lo sviluppo in molti campi.

Tuttavia, è anche importante affrontare le sfide etiche e tecniche che sorgono con lo sviluppo dell'IA e garantire che venga utilizzata in modo responsabile ed equo. Inoltre, l'intelligenza artificiale solleva anche preoccupazioni per la privacy e la sicurezza delle informazioni, nonché potenziali perdite di posti di lavoro dovute all'automazione.

È importante continuare a ricercare e sviluppare l'intelligenza artificiale in modo responsabile, al fine di sfruttare al massimo i suoi potenziali benefici e progressi e ridurre al minimo i suoi potenziali rischi e sfide. In definitiva, l'Intelligenza Artificiale è uno strumento potente che può aiutare a risolvere alcuni dei più grandi problemi del mondo, a patto che venga affrontato con un approccio attento ed etico.

L'intelligenza artificiale si è sviluppata in molte aree diverse, ciascuna con le proprie sfide e obiettivi specifici. Alcuni dei tipi più importanti di IA includono:

Apprendimento automatico.

Questo tipo di intelligenza artificiale si concentra sullo sviluppo di sistemi in grado di apprendere autonomamente dai dati. Ad esempio, un sistema di apprendimento automatico può essere addestrato su migliaia di immagini di cani e gatti in modo da poter identificare a quale categoria appartiene una nuova immagine.

Elaborazione del linguaggio naturale: questo tipo di intelligenza artificiale si concentra sulla comprensione e la produzione del linguaggio umano. Ad esempio, un sistema di elaborazione del linguaggio naturale può essere utilizzato per tradurre il testo da una lingua all'altra o per rispondere a domande in una conversazione naturale.

B) VISIONE COMPUTERIZZATA.

Questo tipo di AI si concentra sull'analisi di immagini e video. Ad esempio, un sistema di visione artificiale può essere utilizzato per rilevare oggetti o persone in un video o per classificare le immagini in categorie specifiche.

C) ROBOTICA.

Questo tipo di intelligenza artificiale si concentra sulla creazione di robot autonomi in grado di eseguire compiti specifici nel mondo reale. Ad esempio, un robot pulizia può essere programmata per pulire una casa senza la necessità dell'intervento umano.

Questi sono solo alcuni esempi dei tipi più comuni di IA, ma ce ne sono molti altri, come l'IA di gioco, l'IA finanziaria, l'IA medica e altro ancora. Ogni tipo di intelligenza artificiale si concentra su un diverso insieme di sfide e opportunità e insieme costituiscono un campo di ricerca e applicazione estremamente vario ed entusiasmante.

L'Intelligenza Artificiale (AI) è una tecnologia che sta trasformando la società e l'economia in molti modi. Alcuni dei modi in cui l'IA sta avendo un impatto significativo includono:

D) PRODUTTIVITÀ MIGLIORATA.

L'intelligenza artificiale può aiutare ad automatizzare le attività ripetitive ed eseguire un'analisi dei dati più rapida e accurata. Ciò può liberare tempo per i lavoratori umani per concentrarsi su attività più preziose e critiche, che a loro volta possono migliorare l'efficienza e la produttività in una varietà di settori.

E) PROGRESSI NELLA RICERCA MEDICA E NELLO SVILUPPO.

L'intelligenza artificiale viene utilizzata per analizzare grandi quantità di dati medici e per aiutare a identificare modelli e tendenze che possono aiutare a informare la ricerca medica e migliorare la diagnosi e il trattamento delle malattie.

F) MIGLIORAMENTI NELL'ESPERIENZA DEL CLIENTE.

L'intelligenza artificiale viene utilizzata per personalizzare l'esperienza del cliente in una varietà di settori, dal servizio clienti alla raccomandazione del prodotto. Utilizzando i dati sulle preferenze e sul comportamento dei clienti, le aziende possono offrire un servizio più personalizzato e pertinente.

G) I PROGRESSI DELLA ROBOTICA E DELL'AUTOMAZIONE.

L'intelligenza artificiale sta guidando la creazione di robot più avanzati e autonomi, in grado di svolgere una varietà di compiti nel mondo reale. Ciò sta avendo un impatto significativo sull'industria, migliorando l'efficienza e la sicurezza in una varietà di processi produttivi.

Questi sono solo alcuni esempi dell'impatto dell'IA sulla società e sull'economia e, poiché la tecnologia continua ad avanzare, sono previsti ulteriori progressi e applicazioni in futuro. È importante notare che mentre l'intelligenza artificiale ha un grande potenziale per migliorare la vita delle persone e le prestazioni aziendali, solleva anche alcune sfide e preoccupazioni, come la perdita di posti di lavoro e la privacy dei dati. Pertanto, è importante affrontare queste sfide in modo responsabile mentre l'IA continua a svilupparsi ed evolversi.

Nello sviluppo dell'Intelligenza Artificiale, ci sono diverse sfide e sfide etiche e tecniche che devono essere considerate. Qui ne descriviamo alcuni:

H) BIAS E DISCRIMINAZIONE.

Una delle maggiori sfide etiche nell'IA è la possibile creazione di sistemi discriminatori. Ciò può accadere quando i dati utilizzati per addestrare un sistema sono distorti o anche quando gli algoritmi sottostanti sono progettati con determinati pregiudizi. Ciò può portare a risultati ingiusti o dannosi per determinati gruppi di persone.

I) PRIVACY E PROTEZIONE DEI DATI.

Un'altra grande sfida è garantire la privacy e la protezione dei dati utilizzati nei sistemi di intelligenza artificiale. Con la quantità di informazioni personali che vengono raccolte e utilizzate dai sistemi di intelligenza artificiale, è fondamentale garantire che i diritti alla privacy delle persone siano rispettati e che i loro dati siano protetti.

J) TRASPARENZA E SPIEGABILITÀ.

I sistemi di intelligenza artificiale possono essere complessi e difficili da comprendere. Ciò può rendere difficile capire come funzionano e come si raggiungono determinate conclusioni. Questa può anche essere una sfida per un processo decisionale giusto ed equo.

K) OBBLIGHI E RESPONSABILITÀ.

Una sfida importante è determinare chi è responsabile di errori o danni causati dai sistemi di intelligenza artificiale. È importante definire le responsabilità e gli obblighi di sviluppatori, utenti e autorità di regolamentazione in caso di problemi o controversie relative all'IA.

L) SVILUPPO ED EQUA DISTRIBUZIONE.

Un'altra grande sfida è garantire che lo sviluppo e la distribuzione dell'IA siano equi e non esacerbino le disuguaglianze esistenti. È importante assicurarsi che il scopertee i progressi nell'IA sono accessibili e sfruttati da tutti, piuttosto che controllati da un piccolo numero di paesi o società.

Queste sfide e sfide etiche e tecniche devono essere prese in considerazione e affrontate in modo proattivo dalla comunità di ricerca e industria dell'IA.

L'intelligenza artificiale ha il potenziale per essere una tecnologia trasformativa e può migliorare significativamente la vita delle persone, ma è importante affrontare queste sfide per garantire che il suo sviluppo e il suo utilizzo siano responsabili ed etici.

2. Nozioni di base su ChatGPT

Questo capitolo si concentra sui fondamenti di ChatGPT. In questa sezione verrà spiegato in dettaglio come funziona ChatGPT, quali tecnologie vengono utilizzate e come viene addestrato. Inoltre, verranno descritti i concetti chiave e le tecniche utilizzate per migliorare la reattività e la precisione di ChatGPT. Questa sezione è importante per comprendere il funzionamento interno di ChatGPT e come vengono raggiunte le sue elevate prestazioni nelle attività di linguaggio naturale. Alla fine di questo capitolo, i lettori avranno una profonda comprensione dei fondamenti di ChatGPT e di come viene utilizzato per migliorare l'interazione uomo-computer.

A) CHE COS'È CHATGPT?

Ora andiamo nei dettagli cos'è ChatGPT. ChatGPT è un modello di linguaggio sviluppato da OpenAI. È una forma avanzata di intelligenza artificiale progettata per generare testo per una varietà di compiti, inclusa la conversazione con gli umani.

ChatGPT è una variante di GPT-3, che è un modello di linguaggio transazionale a livello di elaborazione del testo. La tecnologia GPT (Generative Pretrained Transformer) è una tecnica di deep learning in cui a modello con una grande quantità di testo pre-renderizzato. In questo modo, il modello apprende modelli e caratteristiche delle relazioni tra parole, frasi e contesti. Ciò consente al modello di generare autonomamente un testo con un alto grado di coerenza e fluidità.

Il modello ChatGPT è particolarmente efficace nell'attività di conversazione, poiché è stato addestrato con una grande quantità di conversazioni e testo conversazionale. Pertanto, è in grado di rispondere a un'ampia varietà di domande e persino di portare avanti conversazioni complesse con gli esseri umani. Inoltre, ChatGPT è altamente personalizzabile, il che significa che può essere addestrato con informazioni specifiche per un'attività o dominio specifico per migliorare la tua reattività in quel dominio.

In breve, ChatGPT è una tecnologia avanzata di intelligenza artificiale progettata per generare testo con un alto livello di coerenza e fluidità. È stato addestrato su un gran numero di conversazioni e testo conversazionale per essere efficace nelle attività di conversazione ed è altamente personalizzabile per migliorare le tue prestazioni in un dominio specifico.

B) ARCHITETTURA DEL TRASFORMER

L'architettura Transformer è un modello di deep learning che ha rivoluzionato il campo dell'elaborazione del linguaggio naturale. È stato presentato da Vaswani et al. nel 2017 e da allora è stato ampiamente utilizzato in applicazioni come la traduzione automatica, il riepilogo del testo e la generazione di testo.

In sintesi, l'architettura Transformer consiste in una serie di moduli che elaborano input sequenziali, una sequenza di parole o caratteri, per produrre un output. Ogni modulo è costituito da due componenti principali: un'attenzione multi-testa e una rete neurale completamente connessa. L'attenzione a più teste consente al modello di considerare contemporaneamente la relazione tra diverse parti dell'input sequenziale, mentre la rete neurale completamente connessa applica una trasformazione non lineare all'input.

Uno degli aspetti chiave dell'architettura Transformer è che utilizza un meccanismo di attenzione invece di flussi ricorsivi o convoluzionali, che consente una migliore parallelizzazione e una maggiore efficienza in termini di tempo di addestramento. Inoltre, l'architettura Transformer consente anche un facile accesso alle informazioni sulla sequenza globale,risultando in migliori prestazioni su compiti che richiedono la comprensione della struttura globale del testo.

Per quanto riguarda ChatGPT, è un modello di linguaggio generativo basato sull'architettura Transformer. Si è formata su un'ampia varietà di testi Internet, inclusi articoli di notizie, conversazioni su forum e social network e molto altro. Grazie alla sua capacità di comprendere e generare testo in un'ampia varietà di contesti, ChatGPT è in grado di rispondere in modo naturale e coerente a domande e commenti in tempo reale.

In sintesi, l'architettura Transformer è un componente fondamentale di ChatGPT, in quanto fornisce la capacità di elaborare e generare testo in modo efficiente ed efficace. Utilizzando un meccanismo di attenzione a più teste e una rete neurale completamente connessa, ChatGPT è in grado di comprendere e generare testo in un'ampia varietà di contesti e situazioni, rendendolo uno strumento prezioso per un'ampia gamma di applicazioni.

C) COME FUNZIONA CHATGPT

ChatGPT è un modello linguistico basato sull'architettura Transformer, che è stato addestrato con una grande quantità di testo e utilizza l'apprendimento tramite chat profondo per generare un testo coerente e coerente. In termini semplici, ChatGPT prende un prompt di testo come input e genera una risposta dopo quel testo.

Il funzionamento di ChatGPT è diviso in due parti principali: codifica e generazione. Nella codifica, il prompt di testo viene convertito in una rappresentazione matematica, che viene quindi utilizzata come input per il processo di generazione. Nella generazione, la rappresentazione matematica viene utilizzata per generare una risposta.

Durante la generazione, ChatGPT utilizza le informazioni memorizzate nei suoi molteplici livelli per prevedere la parola successiva nella sequenza di testo. Ogni livello del modello analizza l'input a un diverso livello di dettaglio, da una prospettiva globale a dettagli di parole specifiche. Le informazioni vengono combinate in un'unica rappresentazione della risposta, che viene utilizzata per prevedere la parola successiva nella sequenza.

Una volta che sono state generate diverse parole, il processo può essere ripetuto per generare una risposta più lunga e dettagliata. In questo modo, ChatGPT può generare una risposta coerente e fluente, rendendolo un modello efficace per la conversazione.

In breve, il funzionamento di ChatGPT si basa sull'architettura Transformer e utilizza il deep learning per generare testo coerente e coerente da un prompt di testo. La codifica e la generazione sono le due parti principali del processo e ChatGPT utilizza le informazioni memorizzate nei suoi livelli per prevedere la parola successiva nella sequenza e generare una risposta più dettagliata.

3. Formazione ChatGPT

La formazione del ChatGPT è una parte cruciale dello sviluppo e delle prestazioni di questo modello linguistico avanzato. In questo capitolo, esploreremo in dettaglio come viene addestrato ChatGPT e come vengono ottimizzate le sue prestazioni. Impareremo i diversi algoritmi e le tecniche utilizzate nell'addestramento, tra cui l'ottimizzazione del gradiente, la regolarizzazione e la convalida incrociata. Esamineremo anche le implicazioni etiche e le sfide pratiche associate alla formazione su modelli linguistici su larga scala.

Inoltre, esamineremo come viene utilizzato il feedback degli utenti per migliorare continuamente la precisione e la potenza di ChatGPT. Impareremo come misurare e valutare i risultati dell'allenamento e come queste informazioni vengono utilizzate per apportare modifiche al modello e migliorarne le prestazioni.

In sintesi, il Capitolo III è un'opportunità per approfondire il processo alla base della formazione ChatGPT e per comprendere meglio come garantisce la tua capacità di rispondere in modo accurato ed efficace a un'ampia gamma di domande e situazioni.

A) ORIGINE DEI DATI

Questa, le fonti di dati, è una parte essenziale dell'addestramento di qualsiasi modello linguistico. È importante capire da dove provengono i dati utilizzati per addestrare il modello e in che modo influiscono sulla capacità del modello di generare risposte accurate e coerenti.

Le fonti di dati utilizzate per addestrare ChatGPT sono enormi quantità di testo su Internet, incluse pagine Web, notizie, conversazioni online, libri e altri materiali di testo disponibili online. Questi dati vengono selezionati ed elaborati per creare un corpus di addestramento utilizzato per addestrare il modello.

È importante notare che la qualità e la diversità delle fonti di dati possono avere un impatto significativo sulla capacità del modello per generare risposte accurate e coerenti. Ad esempio, se i dati utilizzati per addestrare il modello provengono principalmente da fonti con un pregiudizio politico o culturale, è probabile che il modello rifletta tale pregiudizio nelle sue risposte.

Pertanto, è fondamentale garantire che le fonti di dati utilizzate per addestrare ChatGPT siano diverse e rappresentative di un'ampia gamma di prospettive e opinioni. Inoltre, è importante monitorare costantemente le prestazioni del modello e adattare le origini dati di conseguenza per garantire che rimangano accurate e utili.

In sintesi, le origini dati sono una componente fondamentale nella formazione di ChatGPT e devono essere accuratamente selezionate e monitorate per garantire che il modello possa generare risposte accurate e coerenti.

B) PROCESSO DI FORMAZIONE

Il processo di formazione di ChatGPT è una parte fondamentale della sua creazione e sviluppo. Questo processo consiste nell'insegnare alla rete neurale a rispondere a una domanda o a generare testo in base a un determinato prompt o contesto.

Per fare ciò viene utilizzato un ampio corpus di testo che funge da fonte di apprendimento per la rete neurale. Questi dati vengono elaborati e presentati alla rete neurale sotto forma di brevi frasi o segmenti di testo. La rete neurale utilizza quindi la sua struttura Transformer per analizzare e comprendere questi segmenti di testo e imparare a rispondere o generare testo simile in futuro.

Una volta che la rete neurale ha elaborato questi segmenti di testo, le sue prestazioni vengono valutate in base a una metrica specifica, come la perplessità o l'accuratezza della risposta. Se le prestazioni non sono quelle desiderate, i pesi della rete neurale vengono regolati per migliorarne la reattività in futuro. Questo processo viene ripetuto più volte, con la rete neurale che apprende e migliora le sue prestazioni a ogni iterazione.

Il processo di addestramento può richiedere molto tempo, poiché la rete neurale deve elaborare grandi quantità di dati e adeguare i propri pesi di conseguenza. Tuttavia, una volta completata, la rete neurale sarà in grado di rispondere o generare testo in modo efficace e con un alto grado di coerenza e pertinenza.

È importante sottolineare che il processo di addestramento non è un processo una tantum, ma piuttosto che la rete neurale deve essere addestrata regolarmente per mantenere le sue prestazioni e la capacità di risposta. Inoltre, il corpus di dati utilizzato per l'addestramento può essere aggiornato e migliorato per garantire che la rete neurale sia consapevole dei cambiamenti e delle tendenze nel linguaggio.

C) CONSIDERAZIONI ETICHE E SULLA PRIVACY

Le Considerazioni etiche e sulla privacy sono un insieme di norme e regolamenti che cercano di garantire che l'uso di tecnologie, come modelli linguistici come ChatGPT, sia effettuato in modo responsabile e rispettoso dei diritti delle persone.

Nel caso di ChatGPT, queste considerazioni includono la selezione accurata delle fonti di dati utilizzate per la tua formazione, per garantire che non includano informazioni di identificazione personale o con queste considerazioni si concentrano sulla protezione della privacy dei dati personali e sulla prevenzione del loro uso improprio o abusivo, nonché garantire che il modello linguistico non causi danni o discriminazioni a nessun gruppo o individuo. Devono inoltre essere adottate misure per impedire la reidentificazione dei dati, come l'anonimizzazione o la crittografia.

Inoltre, è importante considerare come il modello può essere utilizzato e tenere conto dei possibili impatti negativi, come la diffusione di false informazioni o il perpetuarsi di stereotipi e pregiudizi.

In sintesi, le considerazioni sulla privacy e l'etica sono fondamentali per garantire l'uso responsabile ed etico di modelli linguistici come ChatGPT e proteggere i diritti delle persone. È importante che vengano presi in considerazione dalla progettazione e dallo sviluppo del modello fino alla sua implementazione e utilizzo nelle applicazioni pratiche.

4. Interazione con ChatGPT

Interaction with ChatGPT, è fondamentale per capire come interagire con questo modello linguistico e ottenere risposte utili e precise. In questo capitolo, approfondiremo i dettagli di come funziona l'interazione con ChatGPT e come puoi utilizzare le sue capacità per risolvere domande, eseguire attività e generare testo.

Verranno discussi diversi modi di interagire con ChatGPT, inclusa la chat attraverso un'interfaccia utente, l'integrazione in applicazioni e sistemi e la pianificazione di attività specifiche utilizzando la sua API. Verranno inoltre esplorati gli aspetti tecnici alla base dell'interazione, compreso il modo in cui viene svolto il processo decisionale e la selezione delle risposte appropriate.

Inoltre, verranno affrontate considerazioni etiche e sulla privacy che sorgono quando si interagisce con un modello di linguaggio di intelligenza artificiale come ChatGPT. Ciò includerà una discussione sulla responsabilità di garantire la privacy dei dati e la protezione della privacy degli utenti, nonché l'importanza di considerare le implicazioni etiche dell'interazione con i modelli di intelligenza artificiale.

In sintesi,Questo capitolo, Interaction with ChatGPT, è una guida essenziale per capire come interagire con questo modello linguistico in modo efficace e responsabile. Con il tuo aiuto, i lettori potranno sfruttare appieno le capacità di ChatGPT e utilizzarle per raggiungere i propri obiettivi.

A) COME USARE CHATGPT

Il sottocapitolo "Come utilizzare ChatGPT" si concentra sulla fornitura di informazioni dettagliate sull'interazione e l'utilizzo di ChatGPT in diversi contesti e applicazioni. Qui vengono descritte le diverse modalità di accesso alla tecnologia, dalle interfacce utente grafiche alle integrazioni applicative e ai servizi cloud.

L'obiettivo principale di questo sottocapitolo è fornire agli utenti le informazioni necessarie per utilizzare ChatGPT in modo efficace ed efficiente. Descrive le caratteristiche e le funzionalità di base della tecnologia, incluso come porre domande e ottenere risposte accurate e utili. Inoltre, vengono fornite informazioni sulla personalizzazione e configurazione di ChatGPT per soddisfare requisiti diversi e usi specifici.

Questo sottocapitolo include anche sezioni su come ottimizzare l'interazione con ChatGPT, dalle domande all'interpretazione delle risposte ottenute.

Vengono evidenziate le migliori pratiche e vengono forniti suggerimenti per ottenere il massimo dalla tecnologia.

Può essere utilizzato in diversi modi a seconda delle esigenze dell'utente. Uno dei modi più comuni per interagire con ChatGPT è tramite un'interfaccia a riga di comando o un'applicazione Web che consente all'utente di digitare domande o frasi e ricevere risposte in tempo reale.

Per utilizzare ChatGPT, devi accedere a un'interfaccia che lo ospita, online o scaricando una versione locale sul tuo computer. Una volta nell'interfaccia, puoi iniziare a interagire con ChatGPT digitando domande o frasi nella casella di testo corrispondente.

ChatGPT utilizza la sua formazione precedente e la capacità di comprendere il linguaggio umano per generare risposte coerenti e pertinenti alle domande o alle frasi fornite. È importante notare che anche se ChatGPT è altamente sofisticato, può comunque commettere errori o non avere le informazioni corrette.

In breve, l'utilizzo di ChatGPT è semplice e accessibile a chiunque abbia accesso a un computer o dispositivo mobile con una connessione Internet. Digitando domande o frasi, ChatGPT utilizza la loro formazione precedente per generare risposte coerenti e pertinenti è una risorsa preziosa per chi desidera informazioni dettagliate su come interagire con ChatGPT e sfruttarne al massimo le potenzialità.

B) FORMATI DI INPUT E OUTPUT

I formati di input e output sono i mezzi attraverso i quali l'utente fornisce informazioni al modello e riceve le risposte da esso generate. Questi formati possono variare a seconda dell'implementazione di ChatGPT e della piattaforma su cui viene eseguito. Tuttavia, alcuni dei formati più comuni includono:

- Input di testo: è uno dei formati più comuni e consiste nell'inviare una domanda o una frase al modello come una stringa di testo semplice. Questo formato è facile da usare e accessibile alla maggior parte degli utenti.

- Input vocale: in questo formato, l'utente parla al modello e la sua voce viene convertita in testo prima di essere elaborata dal modello. Questo formato è utile per le situazioni in cui è più comodo parlare che scrivere.

- Input tramite immagini o video: in alcuni casi, il modello può ricevere informazioni in sotto forma di immagini o video e generare una risposta basata su tali informazioni.

Per quanto riguarda i formati di output, alcuni dei più comuni includono:

- Output di testo: questo formato è simile al formato di input di testo e consiste nel ricevere una risposta sotto forma di testo normale.

- Uscita audio: in questo formato, la risposta generata dal modello viene convertita in audio per essere ascoltata dall'utente.

- Output tramite immagini o video: in alcuni casi, il modello può generare una risposta sotto forma di immagini o video.

È importante notare che i formati di input e output possono influenzare l'accuratezza e la qualità delle risposte generate dal modello. Pertanto, è importante selezionare il formato appropriato in base alle esigenze e agli obiettivi dell'applicazione.

C) LIMITAZIONI E CONSIDERAZIONI

Le limitazioni e le considerazioni da tenere in considerazione quando si utilizza ChatGPT sono fondamentali per garantire un'esperienza efficiente e sicura. Alcuni degli aspetti più importanti includono:

1. Capacità di comprensione: sebbene ChatGPT sia un modello linguistico avanzato, potresti

comunque avere difficoltà a comprendere alcune frasi o contesti specifici. Pertanto, è importante essere chiari e specifici nelle domande o nei compiti che ti vengono presentati.

2. Bias di formazione: ChatGPT è stato addestrato su un'ampia varietà di testi, tra cui notizie, conversazioni e altri tipi di contenuti online. Di conseguenza, potresti essere influenzato da pregiudizi o prospettive presenti in questi testi. È importante essere consapevoli di questi pregiudizi e valutare criticamente le informazioni generate da ChatGPT.

3. Responsabilità: quando si utilizza ChatGPT, è importante essere consapevoli che il modello non ha una coscienza e non è responsabile per azioni o decisioni basate sul suo output. L'utente è l'unico responsabile della valutazione e dell'utilizzo delle informazioni generate da ChatGPT in modo etico e responsabile.

4. Privacy: quando si interagisce con ChatGPT, i dati personali o riservati possono essere condivisi. È importante adottare misure per proteggere la privacy, come l'utilizzo di connessione sicura o evitare la condivisione di informazioni riservate.

In sintesi, quando si utilizza ChatGPT, è importante essere consapevoli di queste limitazioni e considerazioni per garantire un'esperienza sicura ed efficiente.

5. Applicazioni ChatGPT

"Applicazioni di ChatGPT", è una sezione fondamentale nello studio e nella comprensione di ChatGPT, poiché presenta i modi in cui questo modello linguistico può essere utilizzato per risolvere problemi reali e migliorare diversi processi in diversi settori.

ChatGPT è una tecnologia altamente versatile e la sua capacità di generare testo coerente e naturale è stata utilizzata in un'ampia varietà di applicazioni, dal chatbot per il servizio clienti al riepilogo e alla generazione di contenuti. In questo capitolo, verranno esplorate in dettaglio alcune delle applicazioni più comuni e rilevanti di ChatGPT e verrà discusso il modo in cui questa tecnologia ha rivoluzionato e migliorato diversi settori e settori.

Inoltre, questo capitolo affronterà le possibilità e le tendenze future nello sviluppo di applicazioni ChatGPT, inclusa l'integrazione con altre tecnologie e l'evoluzione nella capacità di comprendere e generare modelli di lingua per lingua.

Insomma, il Cap5è fondamentale per comprendere l'importanza e l'impatto di ChatGPT in diversi campi e per visualizzare l'infinito possibilità offerte da questo modello linguistico per risolvere problemi reali e migliorare la vita delle persone.

A) CHATBOT

Il sottocapitolo Chatbot del Capitolo V Applicazioni ChatGPT si concentra su una delle applicazioni più popolari e comuni di ChatGPT. Un chatbot è un programma per computer progettato per simulare una conversazione umana con un utente attraverso una piattaforma, come un sito Web o un'app mobile. I chatbot possono essere programmati per rispondere a domande frequenti, fornire consigli, eseguire transazioni e molto altro.

Man mano che la tecnologia AI e l'apprendimento automatico continuano a progredire, i chatbot sono diventati sempre più sofisticati e in grado di imitare meglio la conversazione umana. Con l'aiuto di ChatGPT, gli sviluppatori possono creare chatbot più comprensibili e reattivi, con conversazioni più naturali e soddisfacenti per gli utenti.

I chatbot sono programmi per computer progettati per simulare una conversazione umana con un utente e sono sempre più utilizzati in diversi settori e contesti per migliorare la efficienza e soddisfazione del cliente. Con ChatGPT è possibile creare chatbot più avanzati con una migliore comprensione del linguaggio naturale, che consente alla conversazione di essere più fluida e naturale.

Per creare un chatbot con ChatGPT, è necessario innanzitutto definire gli obiettivi e il contesto in cui si desidera utilizzarlo. Quindi, è necessario raccogliere e preparare una grande quantità di dati di testo relativi all'obiettivo del chatbot, che verranno utilizzati per addestrare ChatGPT. Una volta addestrato, ChatGPT può essere utilizzato per generare risposte a domande e comandi richiesti dagli utenti.

Esistono diversi modi per integrare ChatGPT in un chatbot, da un approccio completamente autonomo a un mix di intelligenza artificiale e umani. Ciò consente ai chatbot di fornire risposte rapide e accurate e offrire un'esperienza utente più personalizzata e soddisfacente.

Nel settore finanziario, ad esempio, i chatbot possono essere utilizzati per automatizzare attività ripetitive e fornire informazioni di base ai clienti, come il controllo di saldi e transazioni. Nel servizio clienti, i chatbot possono essere utilizzati per risolvere problemi e fornire informazioni in modo efficiente e risparmiare tempo al personale. Nell'istruzione, i chatbot possono essere utilizzati per fornire tutoraggio e supporto personalizzati agli studenti.

È importante notare che mentre ChatGPT è uno strumento potente, presenta anche limitazioni e sfide, come la necessità di quantità significative di dati per la formazione e la necessità di monitorare e aggiornare il chatbot per garantire che continui a fornire dati accurati e pertinenti informazioni. . Inoltre, è importante considerare le implicazioni etiche e sulla privacy associate all'uso dei chatbot, come la protezione delle informazioni personali e la trasparenza nell'identificare che si sta interagendo con un chatbot.

B)   GENERAZIONE DEL TESTO

La generazione di testo è un'applicazione di ChatGPT che consiste nel produrre testi completi da un seme o da un contesto fornito. L'idea è che il modello generi testi coerenti e coerenti con il contesto dato.

Il processo di generazione del testo viene eseguito utilizzando algoritmi di apprendimento automatico che sono stati addestrati con larghe quantità di testo in anticipo. Il modello prende un seme o un contesto come input e quindi, utilizzando probabilità e statistiche, genera un testo coerente coerente con quel contesto.

Per ottenere una generazione di testo di alta qualità, è importante disporre di un corpus di testo rappresentativo e di alta qualità. Inoltre, è importante ottimizzare e mettere a punto il modello in modo che funzioni bene in termini di coerenza e coesione.

In sintesi, la generazione di testo con ChatGPT riguarda un processo in cui l'apprendimento automatico, la probabilità e le statistiche vengono combinate per produrre testi coerenti e coerenti con un determinato contesto. Questa applicazione ChatGPT è molto utile in diversi settori e contesti, tra cui la creazione di contenuti, la pubblicità, l'istruzione e molti altri.

C) TRADUZIONE AUTOMATICA

La traduzione automatica è un'applicazione di intelligenza artificiale che consente di tradurre testi da una lingua all'altra senza intervento umano. La traduzione automatica è un'attività complessa che richiede una grande quantità di dati di addestramento e una profonda comprensione della lingua e delle culture coinvolte.

ChatGPT, essendo un modello linguistico ad alta capacità, può essere utilizzato per eseguire la traduzione automatica. Per fare ciò, il modello viene addestrato con i dati di traduzione da una lingua all'altra, in modo tale che impari a mettere in relazione parole, frasi e strutture dalla lingua di partenza con il loro equivalente nella lingua di destinazione.

Il processo di traduzione con ChatGPT inizia con l'inserimento di un testo in una lingua di partenza. Il modello utilizza quindi le conoscenze acquisite durante la formazione per produrre una traduzione nella lingua di destinazione. Questa traduzione viene prodotta in base alla probabilità che determinate parole e frasi nella lingua di arrivo corrispondano al testo nella lingua di partenza.

È importante notare che sebbene la traduzione automatica con ChatGPT possa essere molto efficace in molti casi, ci sono ancora limitazioni e considerazioni da tenere in considerazione. Ad esempio, il modello potrebbe avere difficoltà a catturare sottigliezze culturali e linguistiche che potrebbero influire sull'accuratezza della traduzione. Inoltre, in alcuni casi, la traduzione può essere letterale e non tenere conto del contesto del testo originale, il che può portare a risultati confusi o errati.

In generale, la traduzione automatica con ChatGPT è uno strumento molto utile che può aiutare a facilitare la comunicazione tra persone di paesi e lingue diverse, ma è importante essere consapevoli dei suoi limiti e usarlo con cautela.

6. Integrazione di ChatGPT con altre tecnologie.

L'integrazione di ChatGPT con altre tecnologie è un aspetto importante che consente di estenderne e migliorarne il funzionamento e l'applicazione in diversi contesti. In questo capitolo, analizzeremo i diversi modi in cui ChatGPT può essere integrato con altre tecnologie, come l'intelligenza artificiale, l'analisi dei dati, l'automazione, la robotica, tra le altre.

Questa integrazione ti consente di sfruttare i vantaggi e i progressi di ciascuna tecnologia per migliorare e ottimizzare la funzionalità di ChatGPT. Ad esempio, integrandosi con l'analisi dei dati, è possibile ottenere informazioni preziose sulle tendenze e le preferenze degli utenti, che a loro volta possono essere utilizzate per migliorare l'esperienza dell'utente.

In questo capitolo esploreremo in dettaglio i diversi scenari di integrazione di ChatGPT con altre tecnologie, e analizzeremo vantaggi e svantaggi di ciascuna di esse. Parleremo anche delle sfide tecniche ed etiche che sorgono nel processo di integrazione e di come possono essere affrontate.

In sintesi, il Capitolo VI sull'integrazione di ChatGPT con altre tecnologie è un'esplorazione approfondita dei diversi modi in cui ChatGPT può essere utilizzato in combinazione con altre tecnologie per ottenere prestazioni ottimali e un'applicazione più ampia.

A) INTEGRAZIONE CON APPLICAZIONI AZIENDALI

L'integrazione di ChatGPT con le applicazioni aziendali è un processo che consente alle aziende di sfruttare le capacità di elaborazione del linguaggio naturale di ChatGPT per migliorare l'efficienza e l'efficacia dei propri processi aziendali. Ciò si ottiene collegando ChatGPT con diverse applicazioni e sistemi aziendali per automatizzare le attività ripetitive, migliorare l'interazione con i clienti e fornire informazioni preziose e accurate in tempo reale.

Alcune delle applicazioni aziendali più comuni che si integrano con ChatGPT includono CRM (Customer Relationship Management), sistemi di assistenza clienti, piattaforme di marketing, applicazioni di gestione dei progetti e sistemi di analisi dei dati. L'integrazione di ChatGPT con queste applicazioni consente alle aziende di elaborare grandi quantità di dati,automatizza le attività ripetitive e migliora l'efficienza dei tuoi processi aziendali.

Inoltre, l'integrazione di ChatGPT con le applicazioni aziendali consente anche alle aziende di migliorare l'interazione con i propri clienti. Ad esempio, ChatGPT può essere utilizzato per creare chatbot che forniscono assistenza clienti in tempo reale e risolvono le query in modo efficiente. ChatGPT può anche essere utilizzato per personalizzare le esperienze di marketing e pubblicità per i clienti.

In sintesi, l'integrazione di ChatGPT con le applicazioni aziendali è uno strumento prezioso per migliorare l'efficienza, l'efficacia e l'interazione delle aziende con i propri clienti.

B) INTEGRAZIONE CON APPLICAZIONI DI INTRATTENIMENTO

ChatGPT può essere integrato con diverse applicazioni di intrattenimento per fornire agli utenti un'esperienza interattiva e arricchente. La tecnologia del linguaggio naturale di ChatGPT consente agli sviluppatori di creare applicazioni giocose e divertenti che coinvolgono gli utenti in modo efficace e coinvolgente.

Ad esempio, ChatGPT può essere utilizzato per creare videogiochi che rispondono a comandi e domande degli utenti in tempo reale. Può anche essere utilizzato per creare app di chat con personaggi immaginari, consentendo agli utenti di avere conversazioni fluide e naturali con loro. Inoltre, ChatGPT può essere integrato con applicazioni cinematografiche e televisive, consentendo agli utenti di avere conversazioni con personaggi dei loro programmi preferiti o consigli personalizzati in base ai loro interessi.

In generale, l'integrazione di ChatGPT con le applicazioni di intrattenimento consente un'interazione più personalizzata e accattivante per gli utenti, migliorandone l'esperienza e la fidelizzazione. È importante notare che questa integrazione può anche avere considerazioni sulla privacy ed etiche, che devono essere affrontate con attenzione per garantire un'implementazione responsabile e sicura.

C) INTEGRAZIONE CON SISTEMI VOCALI E CONTROLLO VOCALE

L'integrazione di ChatGPT con i sistemi vocali e il controllo vocale è un aspetto importante della sua applicazione nella tecnologia. Questo tipo di integrazione consente agli utenti di interagire con ChatGPT tramite comandi vocali invece di dover digitare del testo. Questo può essere particolarmente utile in situazioni in cui un utente non può o preferisce non digitare, ad esempio quando è in viaggio o impegnato in altre attività.

L'integrazione con i sistemi vocali e il controllo vocale utilizza tecnologie come il riconoscimento vocale e la sintesi vocale per consentire agli utenti di interagire con ChatGPT in modo più naturale ed efficiente. Nel caso di sistemi di riconoscimento vocale, l'utente detta un comando o una domanda e il sistema lo converte in testo affinché ChatGPT possa elaborarlo. Nel caso della sintesi vocale, ChatGPT converte la risposta testuale generata in una risposta parlata.

Questa integrazione può essere utile anche nelle applicazioni di intrattenimento, come assistenti virtuali per televisori o dispositivi di controllo vocale in casa. In questi casi, gli utenti possono interagire con ChatGPT per ottenere consigli su film o programmi TV, controllare notizie o meteo o effettuare ricerche online.

In breve, l'integrazione di ChatGPT con i sistemi vocali e il controllo vocale consente un'interazione più naturale e conveniente con la tecnologia e ha applicazioni sia nel mondo degli affari che in quello dell'intrattenimento.

7. Considerazioni etiche e sulla privacy in ChatGPT

In un mondo sempre più digitale, in cui la tecnologia è integrata in quasi ogni aspetto della nostra vita, è importante considerare i potenziali rischi e gli impatti negativi che possono derivare dall'utilizzo di questa tecnologia.

ChatGPT, come modello linguistico su larga scala, gestisce ed elabora grandi quantità di dati, inclusi dati personali e sensibili. Pertanto, è essenziale considerare come queste informazioni vengono protette e utilizzate e come viene garantito il rispetto della privacy e dei diritti degli utenti.

In questo capitolo, affronteremo la privacy e le sfide etiche che derivano dall'implementazione di ChatGPT in diverse applicazioni e discuteremo le misure che possono essere intraprese per affrontarle. Esploreremo l'importanza della trasparenza, della responsabilità e della responsabilità nell'uso della tecnologia ed esamineremo come la privacy e i principi etici possono essere applicati per garantire un futuro positivo e sostenibile per ChatGPT e le sue app.

A) DISTORSIONI NEI DATI DI ADDESTRAMENTO

La distorsione dei dati di addestramento è un fenomeno comune nell'apprendimento automatico, in cui un modello di apprendimento tende a produrre risultati distorti a causa della natura sbilanciata o incompleta dei dati di addestramento. Ciò può portare a una rappresentazione distorta del mondo reale ea una scarsa generalizzazione delle previsioni del modello.

Esistono diversi tipi di pregiudizi che possono influire sui dati di addestramento, ecco alcuni dei più comuni:

1. Bias di selezione: questo tipo di bias si verifica quando i dati di addestramento non sono rappresentativi dell'intera popolazione che viene modellata. Ad esempio, se i dati di addestramento sono ottenuti solo da una particolare sotto popolazione, come un gruppo di età o un gruppo etnico specifico, il modello potrebbe essere distorto verso quella sotto popolazione e non essere in grado di generalizzare ad altre popolazioni.

2. Bias degli attributi: questo tipo di bias si verifica quando i dati di addestramento contengono uno squilibrio nella distribuzione di attributo specifico, come sesso o razza. Ad

esempio, se i dati di formazione contengono una percentuale maggiore di uomini rispetto alle donne, il modello potrebbe essere orientato verso le caratteristiche degli uomini e non essere in grado di generalizzare alle caratteristiche delle donne.

3. Bias di occorrenza: questo tipo di bias si verifica quando i dati di addestramento sono sbilanciati in termini di frequenza di occorrenza di una classe specifica. Ad esempio, se i dati di addestramento contengono una proporzione maggiore di istanze di una particolare classe, come "non canaglia", il modello potrebbe essere orientato verso quella classe e non essere in grado di rilevare adeguatamente l'altra classe, come "rogue".

È importante notare che le distorsioni nei dati di formazione possono avere gravi conseguenze in termini di equità e inclusione. Ad esempio, un modello distorto può perpetuare la discriminazione o perpetuare gli stereotipi culturali.

Per ridurre al minimo le distorsioni nei dati di addestramento, è importante garantire che i dati siano rappresentativi ed equilibrati in termini di tutte le caratteristiche rilevanti.Ciò può essere ottenuto attraverso varie tecniche, come la selezione casuale dei dati di addestramento, il sovracampionamento o il sottocampionamento di classi non bilanciate o la modifica o la rimozione di attributi distorti.

Inoltre, è importante monitorare e valutare regolarmente i bias nel modello man mano che viene addestrato e adeguarsi di conseguenza. Ciò può includere la revisione delle metriche delle prestazioni e l'identificazione delle caratteristiche dei dati che contribuiscono al bias.

In breve, la distorsione nei dati di addestramento è un grave problema nell'apprendimento automatico che può influire sull'accuratezza e l'equità dei modelli. È fondamentale prestare attenzione alle distorsioni nella raccolta e nella selezione dei dati di addestramento e monitorare e valutare regolarmente le distorsioni nel modello per garantire risultati equi e imparziali.

B) PROTEZIONE DEI DATI PERSONALI

La protezione dei dati personali è un problema critico nel mondo digitale di oggi. Si riferisce alla riservatezza delle informazioni personali e alla sicurezza dei dati raccolti, archiviati e utilizzati online.

I dati personali includono informazioni come nomi, indirizzi e-mail, numeri di telefono, informazioni finanziarie e dati sulla posizione. Questi dati sono preziosi per le aziende e possono essere utilizzati per scopi commerciali, come pubblicità mirata e analisi dei dati.

Tuttavia, anche la raccolta, l'archiviazione e l'utilizzo dei dati personali sollevano notevoli problemi di privacy e sicurezza. Pertanto, è importante proteggere i dati personali delle persone per garantire che vengano utilizzati in modo responsabile ed etico.

Esistono diversi modi per proteggere i dati personali, tra cui:

1. Consenso esplicito: prima di raccogliere e utilizzare i dati personali, è necessario ottenere il consenso esplicito delle persone. Ciò include informare le persone su quali dati vengono raccolti, come verranno utilizzati e con chi verranno condivisi.

2. Crittografia: la crittografia è una tecnica di sicurezza che protegge i dati personali convertendoli in codice illeggibile per coloro che non dispongono dell'accesso autorizzato.

3. Accesso controllato: è importante limitare l'accesso ai dati personali solo a coloro che ne hanno realmente bisogno per svolgere il proprio lavoro.

4. Regolamentare le pratiche di raccolta e utilizzo dei dati: i regolamenti e le leggi sulla protezione dei dati personali stabiliscono le regole e i regolamenti per la raccolta e l'utilizzo dei dati personali.

In sintesi, la protezione dei dati personali è essenziale per garantire la privacy e la sicurezza delle informazioni personali nel mondo digitale. È importante adottare misure per proteggere i dati personali, come ottenere il consenso esplicito, utilizzare la crittografia, limitare l'accesso e regolamentare la raccolta e le pratiche di utilizzo dei dati.

C) RESPONSABILITÀ PER L'ACCURATEZZA DELLE RISPOSTE

La responsabilità a causa della precisione delle risposte, è un aspetto importante prima nello sviluppo e nell'uso di modelli linguistici e tecnologie di intelligenza artificiale. Quando si utilizzano questi modelli, è essenziale garantire che le risposte siano accurate e affidabili, in quanto possono avere un impatto significativo nel processo decisionale e nella vita delle persone.

Ci sono vari attori che possono assumersi la responsabilità dell'accuratezza delle risposte, inclusi gli sviluppatori di modelli, i fornitori di dati, gli utenti finali e la società in generale. Ciascuno di questi attori ha un ruolo importante da svolgere nel garantire l'accuratezza e la completezza dei modelli.

Gli sviluppatori di modelli hanno la responsabilità di progettare e addestrare modelli accurati ed equi. Ciò include un'attenta selezione dei dati di addestramento, una valutazione regolare delle metriche delle prestazioni e l'identificazione e la correzione di eventuali errori nel modello.

I fornitori di dati sono responsabili di fornire dati accurati e rappresentativi per l'addestramento del modello. Ciò include la rimozione di dati errati o distorti e la verifica della qualità e della completezza dei dati.

Gli utenti finali hanno la responsabilità di utilizzare i modelli in modo responsabile e di verificare l'accuratezza delle risposte prima di prendere decisioni importanti.

La società in generale ha la responsabilità di promuovere una cultura della responsabilità nella tecnologia e di stabilire regolamenti e standard per garantire l'accuratezza e l'integrità dei modelli.

In sintesi, l'accuratezza delle risposte è una responsabilità condivisa di tutti gli attori nello sviluppo e nell'uso dei modelli linguistici e delle tecnologie di intelligenza artificiale. Ciascuno deve svolgere il proprio ruolo nel garantire che i modelli siano accurati, affidabili ed equi.

8. Sfide e limiti di ChatGPT

ChatGPT è un modello linguistico avanzato sviluppato da OpenAI che ha rivoluzionato il modo in cui gli esseri umani interagiscono con la tecnologia. Nonostante i suoi impressionanti risultati e capacità, ChatGPT presenta anche sfide e limiti che devono essere considerati nella sua applicazione.

In questo capitolo, esploreremo alcune delle principali sfide e limitazioni di ChatGPT, tra cui la mancanza di consapevolezza contestuale, la mancanza di empatia e responsabilità, l'esposizione a contenuti offensivi e la propensione a replicare pregiudizi e pregiudizi. Discuteremo anche di come queste sfide e limitazioni possono essere affrontate e mitigate per garantire un uso responsabile ed eticamente sostenibile di ChatGPT.

È importante notare che mentre ChatGPT presenta sfide e limiti, questi sono superabili e non dovrebbero minimizzare il suo potenziale per trasformare positivamente il modo in cui le persone interagiscono con la tecnologia e il mondo. Affrontando in modo proattivo queste sfide e questi vincoli, possiamo sfruttarli al meglio il potenziale di ChatGPT e utilizzalo per migliorare la qualità della vita delle persone.

A) LIMITI DI PRECISIONE E PRESTAZIONI

Esistono diverse limitazioni all'accuratezza e alle prestazioni dei modelli linguistici come ChatGPT:

1. Mancanza di consapevolezza del contesto: anche se ChatGPT è stato addestrato su una grande quantità di testo, può ancora avere difficoltà a comprendere il contesto in cui viene utilizzato. Questo può portare a risposte inappropriate o irrilevanti.

2. Propensione a replicare pregiudizi e pregiudizi: i modelli linguistici, incluso ChatGPT, sono soggetti a replicare pregiudizi e pregiudizi presenti nei dati di formazione. Questo può portare a risposte di parte o addirittura offensive.

3. Mancanza di empatia e responsabilità: ChatGPT è solo un modello informatico e non ha la capacità di provare empatia o responsabilità. Questo può portare a risposte fredde o insensibili a situazioni emotive o sensibili.

4. Mancanza di capacità creative: sebbene ChatGPT sia molto bravo a replicare il linguaggio umano, manca ancora della capacità di pensare in modo creativo e fuori

dagli schemi. Ciò può limitare la tua capacità di generare idee o soluzioni innovative a problemi complessi.

5. Esposizione a contenuti offensivi: a causa della natura delle informazioni presenti nei dati di addestramento, ChatGPT potrebbe essere esposto a contenuti offensivi o inappropriati. Questo può portare a risposte inappropriate o offensive.

È importante essere consapevoli di queste limitazioni quando si utilizzano modelli linguistici come ChatGPT e adottare misure per affrontarle e mitigarle per garantire un uso responsabile ed eticamente sostenibile. Ciò include il monitoraggio regolare dell'accuratezza e delle prestazioni del modello e l'adozione di misure per correggere eventuali distorsioni o errori identificati.

B) SFIDE IN MATERIA DI PRIVACY E SICUREZZA

Le sfide relative alla privacy e alla sicurezza sono questioni fondamentali nell'uso dei modelli di sicurezza. linguaggio come ChatGPT. La privacy si riferisce alla protezione delle informazioni personali e la sicurezza si riferisce alla protezione dei dati e dei sistemi contro l'accesso o la manipolazione non autorizzati. Entrambi sono importanti per garantire un uso responsabile ed eticamente sostenibile dei modelli linguistici.

Alcune delle maggiori sfide per la privacy e la sicurezza includono:

1. Protezione dei dati personali: i modelli linguistici, incluso ChatGPT, possono raccogliere e archiviare informazioni personali come nomi, indirizzi e-mail e dati sulla posizione. È importante proteggere queste informazioni e garantire che non vengano condivise o utilizzate in modo non autorizzato.

2. Accesso non autorizzato: le informazioni memorizzate dai modelli linguistici possono essere soggette ad accesso non autorizzato, che può comportare la perdita o il furto di dati personali. È importante implementare misure di sicurezza per impedire l'accesso non autorizzato ai dati.

3. Vulnerabilità della sicurezza: i modelli linguistici, incluso ChatGPT, possono essere soggetti ad attacchi alla sicurezza, come i lintroduzione di malware o manipolazione dei risultati. È importante monitorare regolarmente i sistemi e correggere eventuali vulnerabilità identificate.

4. Uso non autorizzato dei dati: i dati raccolti dai modelli linguistici possono essere utilizzati in

modi non autorizzati, ad esempio per scopi commerciali o per decisioni scorrette. È importante stabilire regolamenti e leggi per regolamentare l'uso dei dati e garantirne un uso responsabile.

In breve, la privacy e la sicurezza sono le principali sfide nell'utilizzo di modelli linguistici come ChatGPT. È essenziale attuare misure per proteggere le informazioni personali e garantire la sicurezza dei dati e dei sistemi per garantire un uso responsabile ed eticamente sostenibile.

C) SFIDE ETICHE E MORALI

Oltre alle sfide relative alla privacy e alla sicurezza, i modelli linguistici come ChatGPT presentano anche sfide etiche e morali che devono essere considerate nella loro applicazione. Queste sfide includono:

1. Bias e pregiudizi: i modelli linguistici, incluso ChatGPT, sono soggetti alla replica di pregiudizi e pregiudizi presenti nei dati di formazione. Ciò può portare a risposte distorte o addirittura offensive, che possono avere un impatto negativo sul processo decisionale e sulla società in generale.

2. Assenza di empatia e responsabilità: ChatGPT è solo un modello informatico e non

ha la capacità di provare empatia o responsabilità. Questo può portare a risposte fredde o insensibili a situazioni emotive o sensibili.

3. Propagazione di informazioni false o dannose: i modelli linguistici, incluso ChatGPT, possono replicare e diffondere informazioni false o dannose, che possono avere un impatto negativo sulla società.

4. Leggi e regolamenti insufficienti: attualmente ci sono poche leggi e regolamenti che regolano l'uso dei modelli linguistici, incluso ChatGPT. Ciò può comportare un uso irresponsabile e non etico dei modelli.

È importante affrontare queste sfide etiche e morali in modo proattivo e considerarle quando utilizzare modelli linguistici come ChatGPT. Ciò include il monitoraggio regolare dell'accuratezza e delle prestazioni del modello e l'adozione di misure per correggere eventuali distorsioni o errori identificati. Inoltre, è importante promuovere una cultura della responsabilità nella tecnologia e stabilire regolamenti e standard etici per garantire un uso responsabile ed eticamente sostenibile dei modelli linguistici.

9. Uso responsabile di ChatGPT

In un mondo sempre più digitale, i modelli linguistici come ChatGPT stanno rivoluzionando il modo in cui le persone interagiscono con la tecnologia. Tuttavia, l'uso di questi modelli solleva anche preoccupazioni significative sulla privacy, la sicurezza, l'etica e la moralità.

L'uso responsabile di ChatGPT implica considerare e affrontare queste preoccupazioni e utilizzare il modello in modo eticamente sostenibile e responsabile. Ciò include la protezione della privacy dei dati personali, la garanzia della sicurezza dei sistemi, il monitoraggio dell'accuratezza e delle prestazioni del modello e l'affrontare le sfide etiche e morali associate al suo utilizzo.

In questo capitolo, esploreremo le best practice e le misure per garantire un uso responsabile di ChatGPT. Discuteremo su come proteggere la privacy e la sicurezza dei dati, come affrontare le sfide etiche e morali e come promuovere una cultura della responsabilità nella tecnologia.

È importante sottolineare che l'uso responsabile di ChatGPT è fondamentale per sfruttare al meglio le sue potenzialità e trasformare positivamente il modo in cui le persone interagiscono con la tecnologia econ il mondo. Affrontando sfide e vincoli in modo proattivo e attento, possiamo garantire un futuro digitale etico e sostenibile.

A) BEST PRACTICE PER L'USO DI CHATGPT

Le migliori pratiche per l'utilizzo di ChatGPT includono:

1. Protezione della privacy: implementare misure di sicurezza per proteggere la privacy dei dati personali, come la crittografia dei dati e la limitazione dell'accesso non autorizzato.

2. Monitoraggio dell'accuratezza e delle prestazioni: monitorare regolarmente l'accuratezza e le prestazioni di ChatGPT per correggere eventuali distorsioni o errori identificati.

3. Considerazione dell'etica e della moralità: considera le sfide etiche e morali associate all'uso di ChatGPT e affrontale in modo proattivo.

4. Trasparenza sull'uso dei dati: sii trasparente su come vengono utilizzati i dati raccolti da ChatGPT e assicurati che vengano utilizzati in modo responsabile.

5. Leggi e regolamenti etici: sostenere la creazione di leggi e regolamenti etici per

regolare l'uso dei modelli linguistici e garantirne un uso responsabile.

6. Promuovere la responsabilità tecnologica: promuovere una cultura della responsabilità tecnologica e aumentare la consapevolezza delle sfide etiche e morali associate all'uso di ChatGPT e di altri modelli linguistici.

7. Formazione e istruzione: formare gli utenti su come utilizzare ChatGPT in modo responsabile ed eticamente sostenibile.

Seguendo queste best practice, possiamo garantire un uso responsabile ed eticamente sostenibile di ChatGPT e sfruttare al massimo il suo potenziale per trasformare positivamente il modo in cui le persone interagiscono con la tecnologia e il mondo.

B) COME GARANTIRE UN USO ETICO E RESPONSABILE

Garantire un uso etico e responsabile di ChatGPT richiede l'attuazione di misure concrete e la costante considerazione delle sfide etiche e morali associate al suo utilizzo. Ecco alcuni passaggi specifici che puoi eseguirese per garantire un uso etico e responsabile di ChatGPT:

1. Protezione della privacy: implementare misure di sicurezza, come la crittografia dei dati e la

limitazione dell'accesso non autorizzato, per proteggere la privacy dei dati personali.

2. Monitoraggio dell'accuratezza e delle prestazioni: monitorare regolarmente l'accuratezza e le prestazioni di ChatGPT per correggere eventuali distorsioni o errori identificati.

3. Considerazione dell'etica e della moralità: considerare le sfide etiche e morali associate all'uso di ChatGPT e affrontare in modo proattivo eventuali preoccupazioni o sfide identificate.

4. Trasparenza sull'uso dei dati: sii trasparente su come vengono utilizzati i dati raccolti da ChatGPT e assicurati che vengano utilizzati in modo responsabile.

5. Leggi e regolamenti etici: sostiene la creazione di leggi e regolamenti etici per regolare l'uso dei modelli linguistici e garantirne un uso responsabile.

6. Promuovere la responsabilità nella tecnologia: promuove una cultura della responsabilità nella tecnologia e aumenta la consapevolezza delle sfide etiche e morali associate all'uso di ChatGPT e di altri modelli linguistici.

7. Formazione e istruzione: formare gli utenti su come utilizzare ChatGPT in modo responsabile ed eticamente sostenibile.

Seguendo questi passaggi, puoi assicurarti che ChatGPT venga utilizzato in modo etico e responsabile e che la tecnologia venga utilizzata in modo eticamente sostenibile per trasformare positivamente il modo in cui le persone interagiscono con il mondo.

C) CONSIDERAZIONI PER LA REGOLAMENTAZIONE E IL CONTROLLO DEL GOVERNO

La regolamentazione e il controllo del governo sono essenziali per garantire un uso responsabile ed eticamente sostenibile di modelli linguistici come ChatGPT. Ecco alcune considerazioni importanti sulla regolamentazione e il controllo del governo:

1. Protezione della privacy: leggi e regolamenti governativi devono stabilire misure per proteggere la privacy dei dati personali raccolti dai modelli linguistici.

2. Trasparenza sull'uso dei dati: le normative governative dovrebbero richiedere trasparenza su come vengono utilizzati i dati raccolti dai modelli linguistici e garantire che vengano utilizzati in modo responsabile.

3. Monitoraggio dell'accuratezza e delle prestazioni: le normative governative devono stabilire misure per monitorare l'accuratezza e le prestazioni dei modelli linguistici, incluso ChatGPT, per correggere eventuali pregiudizi o errori identificati.

4. Considerazione dell'etica e della moralità: i regolamenti governativi dovrebbero considerare le sfide etiche e morali associate all'uso dei modelli linguistici e stabilire misure per affrontarle in modo proattivo.

5. Promuovere la responsabilità tecnologica: le normative governative dovrebbero promuovere una cultura della responsabilità tecnologica e aumentare la consapevolezza delle sfide etiche e morali associate all'uso dei modelli linguistici.

6. Formazione e istruzione: i regolamenti governativi dovrebbero stabilire misure formare gli utenti su come utilizzare i modelli linguistici in modo responsabile ed eticamente sostenibile.

In breve, la regolamentazione e il controllo del governo sono essenziali per garantire un uso responsabile ed eticamente sostenibile di modelli linguistici come ChatGPT. Le normative governative devono considerare e affrontare le sfide etiche e morali, proteggere la privacy dei dati personali, monitorare l'accuratezza e le prestazioni e promuovere una cultura della responsabilità nella tecnologia.

10. Impatto di ChatGPT sulla società e sull'industria

I modelli linguistici come ChatGPT stanno avendo un impatto significativo sulla società e sull'industria. In molti modi, stanno trasformando il modo in cui le persone interagiscono con la tecnologia e il mondo. Ecco alcuni esempi di come ChatGPT sta influenzando la società e il settore:

1. Maggiore produttività ed efficienza: ChatGPT e altri modelli linguistici stanno aiutando ad automatizzare e migliorare i processi del settore, aumentando così la produttività e l'efficienza.

2. Progressi nella ricerca e nella conoscenza: ChatGPT e altri modelli linguistici stanno aiutando la ricerca e lo sviluppo di nuove conoscenze in una varietà di campi, come la medicina, la scienza e la tecnologia.

3. Servizio clienti migliorato: ChatGPT e altri modelli linguistici stanno migliorando il servizio clienti fornendo risposte rapide e accurate alle domande dei clienti.

4. Cambiare il modo in cui le persone lavorano: ChatGPT e altri modelli linguistici stanno cambiando il modo in cui le persone lavorano,

consentendo una maggiore automazione ed efficienza sul posto di lavoro.

5. Nuove opportunità commerciali: ChatGPT e altri modelli linguistici stanno creando nuove opportunità commerciali e occupazionali nel settore tecnologico.

In breve, l'impatto di ChatGPT e di altri modelli linguistici sulla società e sull'industria è significativo e sta trasformando positivamente il modo in cui le persone interagiscono con la tecnologia e il mondo. Tuttavia, è anche importante considerare e affrontare le sfide etiche e morali associate al suo utilizzo per garantire un futuro digitale etico e sostenibile.

A) CAMBIAMENTI NEL LAVORO E NELL'ECONOMIA

I modelli linguistici come ChatGPT stanno avendo un impatto significativo sui posti di lavoro e sull'economia. Ecco alcuni modi in cui ChatGPT e altri modelli linguistici stanno cambiando il lavoro e l'economia:

1. Automazione delle attività: ChatGPT e altri modelli linguistici si stanno automatizzando sempre più compiti che in precedenza richiedevano l'intervento umano, il che può

avere un impatto sull'occupazione e sull'economia.

2. Nuove opportunità di lavoro: allo stesso tempo, ChatGPT e altri modelli linguistici stanno creando nuove opportunità di lavoro nel settore tecnologico, comprese posizioni nello sviluppo di software, ricerca e analisi dei dati.

3. Cambiamenti nel modo in cui le persone lavorano: ChatGPT e altri modelli linguistici stanno cambiando il modo in cui le persone lavorano, il che potrebbe richiedere una rivalutazione delle capacità e delle competenze necessarie per i lavori in futuro.

4. Disuguaglianza economica: l'impatto di ChatGPT e di altri modelli linguistici sui posti di lavoro e sull'economia può avere un impatto sulla disuguaglianza economica se alcuni gruppi di lavoratori sono più colpiti dall'automazione delle attività.

È importante notare che i modelli linguistici come ChatGPT stanno avendo un impatto significativo sui posti di lavoro e sull'economia, ed è importante considerare e affrontare questi impatti in modo proattivo e attento. È possibile questo richiedono nuove politiche e regolamenti per garantire un futuro economico e occupazionale giusto ed equo.

Allo stesso tempo, è importante promuovere la formazione e l'istruzione in modo che i lavoratori possano adattarsi ai cambiamenti e sviluppare le capacità e le competenze necessarie per i lavori del futuro.

B) CAMBIAMENTI NEL MODO IN CUI INTERAGIAMO CON LA TECNOLOGIA

I modelli linguistici come ChatGPT stanno avendo un impatto significativo sul modo in cui interagiamo con la tecnologia. Ecco alcuni modi in cui ChatGPT e altri modelli linguistici stanno cambiando il modo in cui interagiamo con la tecnologia:

1. Interazione più naturale: ChatGPT e altri modelli linguistici consentono un'interazione più naturale e fluida con la tecnologia, utilizzando il linguaggio parlato o scritto invece di comandi e opzioni limitati.

2. Accessibilità delle informazioni: ChatGPT e altri modelli linguistici stanno rendendo le informazioni più accessibili, consentendo agli utenti di porre domande e ottenere risposte accurate e rapide.

3. Personalizzazione dell'esperienza: ChatGPT e altri modelli linguistici consentono una maggiore personalizzazione dell'esperienza

dell'utente, adattandosi alle preferenze e alle esigenze individuali.

4. Integrazione nella vita quotidiana: ChatGPT e altri modelli linguistici vengono sempre più integrati nella vita quotidiana delle persone, da casa al lavoro e oltre.

In breve, modelli linguistici come ChatGPT stanno trasformando il modo in cui interagiamo con la tecnologia. Consentono un'interazione più naturale e fluida, l'accessibilità alle informazioni, la personalizzazione dell'esperienza e l'integrazione nella vita quotidiana. Allo stesso tempo, è importante considerare e affrontare le sfide etiche e morali associate al suo utilizzo per garantire un futuro digitale etico e sostenibile.

C) CAMBIAMENTI NEL MODO IN CUI CONSUMIAMO E PRODUCIAMO INFORMAZIONI

I modelli linguistici come ChatGPT stanno avendo un impatto significativo sul modo in cui consumiamo e produciamo informazioni. Ecco alcuni modi in cui ChatGPT e altri modelli linguistici stanno cambiando il modo in cui consumiamo e produciamo informazioni:

1. Accessibilità delle informazioni: ChatGPT e altri modelli linguistici stanno rendendo le

informazioni più accessibili, consentendo agli utenti di porre domande e ottenere risposte accurate e rapide in tempo reale.

2. Generazione automatica di contenuti: ChatGPT e altri modelli linguistici consentono la generazione automatica di contenuti, che può cambiare il modo in cui produciamo informazioni e il modo in cui vengono utilizzate.

3. Verifica delle informazioni: ChatGPT e altri modelli linguistici stanno aiutando a verificare le informazioni e combattere la disinformazione, che può migliorare la qualità delle informazioni che consumiamo.

4. Cambiamenti nel modo in cui apprendiamo: ChatGPT e altri modelli linguistici stanno cambiando il modo in cui apprendiamo, consentendo un'interazione più fluida e naturale con le informazioni e la conoscenza.

In breve, modelli linguistici come ChatGPT stanno trasformando il modo in cui consumiamo e produciamo informazioni. Stanno rendendo le informazioni più accessibili, consentendo la generazione automatica di contenuti, aiutando verificare le informazioni e cambiare il modo in cui apprendiamo. Allo stesso tempo, è importante considerare e affrontare le sfide etiche e morali associate al suo utilizzo per garantire un futuro digitale etico e sostenibile.

11. Futuro di ChatGPT

Il futuro di ChatGPT e di altri modelli linguistici è molto promettente e in continua evoluzione. La tecnologia si sta sviluppando rapidamente e i modelli linguistici vengono utilizzati in una varietà di applicazioni e settori, dal servizio clienti alla ricerca e sviluppo. Man mano che la tecnologia continua ad avanzare, è probabile che assisteremo a una maggiore integrazione di ChatGPT e di altri modelli linguistici nella società e nell'industria.

Ci sono molte possibilità e opportunità per il futuro di ChatGPT, ma ci sono anche sfide etiche e morali che devono essere affrontate. È importante considerare e affrontare queste sfide per garantire un futuro digitale etico e sostenibile. Allo stesso tempo, è importante continuare a sviluppare e migliorare ChatGPT e altri modelli linguistici per realizzare appieno il loro potenziale e migliorare la vita delle persone.

Insomma, il futuro di ChatGPT è molto promettente e in continua evoluzione. Ci sono molte possibilità e opportunità, ma ci sono anche sfide etiche e morali che devono essere affrontate. È importante considerare e affrontare queste sfide per garantire un futuro digitale etico e sostenibile.

A) SVILUPPI E MIGLIORAMENTI FUTURI

Ci sono molti sviluppi e miglioramenti futuri per ChatGPT e altri modelli linguistici. Ecco alcuni esempi:

1. Precisione e miglioramenti delle prestazioni: è probabile che assisteremo a continui miglioramenti nell'accuratezza e nelle prestazioni di ChatGPT e di altri modelli linguistici man mano che la tecnologia continua ad avanzare.

2. Integrazione di applicazioni e dispositivi: ChatGPT e altri modelli linguistici saranno probabilmente integrati in una varietà di applicazioni e dispositivi, consentendo una maggiore interazione con la tecnologia e una maggiore accessibilità alle informazioni.

3. Miglioramenti alla privacy e alla sicurezza: è probabile che vedremo miglioramenti alla privacy e alla sicurezza di ChatGPT e di altri modelli linguistici, per garantire che i dati degli utenti siano trattati in modo responsabile e sicuro.

4. Sviluppo di nuove applicazioni e usi: è probabile che assisteremo allo sviluppo di nuove applicazioni e usi per ChatGPT e altri modelli linguistici, comprese le applicazioni in medicina, scienza, istruzione e altro ancora.

In breve, ci sono molti sviluppi e miglioramenti futuri per ChatGPT e altri modelli linguistici. Dai miglioramenti di precisione e prestazioni a nuove applicazioni e usi, il futuro è molto promettente per questa tecnologia in continua evoluzione.

B) NUOVE APPLICAZIONI E USI

È probabile che in futuro assisteremo allo sviluppo di nuove applicazioni e usi per ChatGPT e altri modelli linguistici. Alcuni esempi includono:

1. Servizio clienti: ChatGPT e altri modelli linguistici possono essere utilizzati per migliorare il servizio clienti fornendo risposte accurate e rapide alle domande dei clienti.

2. Ricerca e sviluppo: ChatGPT e altri modelli linguistici possono essere utilizzati nella ricerca e sviluppo, contribuendo a generare nuove idee e soluzioni a problemi complessi.

3. Istruzione: ChatGPT e altri modelli linguistici possono essere utilizzati informazione, consentendo un'interazione più fluida e naturale con le informazioni e la conoscenza.

4. Salute: ChatGPT e altri modelli linguistici possono essere utilizzati nel settore sanitario, consentendo una migliore comprensione dei sintomi e una maggiore accessibilità a informazioni mediche accurate.

Questi sono solo alcuni esempi delle nuove applicazioni e usi per ChatGPT e altri modelli linguistici. Con la costante evoluzione della tecnologia, è probabile che in futuro vedremo lo sviluppo di molte più applicazioni e utilizzi.

C) IMPLICAZIONI ETICHE E SULLA PRIVACY

Le implicazioni etiche e sulla privacy di ChatGPT e di altri modelli linguistici sono importanti da considerare e affrontare. Ecco alcuni esempi di implicazioni etiche e sulla privacy:

1. Uso dei dati personali: la formazione di ChatGPT e altri modelli linguistici richiede una grande quantità di dati personali, incluse informazioni su persone, conversazioni e altro. È importante assicurarsi che il privacy di questi dati e che vengano utilizzati in modo responsabile.

2. Disinformazione e manipolazione: ChatGPT e altri modelli linguistici possono essere utilizzati per diffondere disinformazione o manipolare l'opinione pubblica. È importante affrontare questi problemi per garantire che le informazioni siano accurate e che gli utenti possano fidarsi delle informazioni che ricevono.

3. Implicazioni sulla privacy e sulla sicurezza: ChatGPT e altri modelli linguistici possono essere utilizzati per raccogliere e analizzare informazioni personali e riservate. È importante garantire il rispetto della privacy e della sicurezza dei dati personali.

4. Implicazioni sull'uguaglianza e sulla diversità: ChatGPT e altri modelli linguistici vengono addestrati in base ai dati e ai modelli a cui sono esposti, il che può comportare una rappresentazione distorta della società e della diversità. È importante affrontare questi problemi per garantire una rappresentanza giusta ed equa.

In sintesi, le implicazioni etiche e sulla privacy di ChatGPT e di altri modelli linguistici sono importanti da considerare e attrezzatura. Dalla privacy dei dati personali all'uguaglianza e alla diversità, è importante garantire un uso etico e responsabile di questa tecnologia.

12. Conclusione

Abbiamo esplorato e analizzato in dettaglio gli aspetti più importanti di ChatGPT e altri modelli linguistici, compreso il loro impatto sulla società e sull'industria, le sfide etiche e morali, gli sviluppi e i miglioramenti futuri, la regolamentazione e il controllo del governo, l'etica e la privacy.

Da questa esplorazione e analisi, è possibile trarre conclusioni sull'impatto e il futuro di ChatGPT e altri modelli linguistici, nonché le migliori pratiche per garantire un uso responsabile ed etico di questa tecnologia. Successivamente, verranno presentate queste conclusioni e raccomandazioni per l'uso responsabile di ChatGPT e altri modelli linguistici.

A) SINTESI DEI PUNTI CHIAVE

Ecco un riepilogo dei punti chiave sopra menzionati:

1. Impatto sulla società e sull'industria: ChatGPT e altri modelli linguistici stanno avendo un impatto significativo sulla società e sull'industria, cambiando il modo in cui interagiamo con la tecnologia, consumiamo e produciamo informazioni e cambiare il modo in cui lavoriamo e apprendiamo.

2. Sfide etiche e morali: esistono sfide etiche e morali associate all'uso di ChatGPT e di altri modelli linguistici, tra cui privacy, sicurezza, disinformazione, manipolazione e rappresentazione equa. È importante affrontare queste sfide per garantire un uso etico e responsabile della tecnologia.

3. Miglioramenti e sviluppi futuri: sono previsti molti miglioramenti e sviluppi futuri per ChatGPT e altri modelli linguistici, inclusi miglioramenti nell'accuratezza e nelle prestazioni, integrazione in applicazioni e dispositivi e nuove applicazioni e utilizzi in aree quali servizio clienti, ricerca e sviluppo, istruzione e assistenza sanitaria.

4. Regolamentazione e controllo del governo: è importante considerare la regolamentazione e il controllo del governo per garantire un uso responsabile ed etico di ChatGPT e di altri modelli linguistici, affrontando questioni come la privacy, la sicurezza, la disinformazione e la manipolazione.

In breve, ChatGPT e altri modelli linguistici stanno avendo un impatto significativo sulla società e sull'industria e presentano molte sfide etiche e morali. Allo stesso tempo, ci sono molti miglioramenti e sviluppi futuri a venire ed è importante considerare la regolamentazione e il controllo del governo per garantire un uso responsabile ed etico di questa tecnologia.

B)   PENSIERI FINALI

In conclusione, ChatGPT e altri modelli linguistici stanno avendo un impatto significativo sulla società e sull'industria e presentano molte sfide etiche e morali. È importante considerare queste sfide e affrontarle per garantire un uso responsabile ed etico di questa tecnologia.

Allo stesso tempo, è importante riconoscere il potenziale di ChatGPT e di altri modelli linguistici per migliorare la vita delle persone e fare una differenza positiva nel mondo. Dall'assistenza clienti alla ricerca e sviluppo, ci sono molte potenziali applicazioni e usi per questa tecnologia in continua evoluzione.

In definitiva, è importante affrontare le sfide etiche e morali e considerare la regolamentazione e il controllo del governo per garantire un futuro digitale etico e sostenibile. Allo stesso tempo, è importante svilupparsi ulteriormente e migliorare ChatGPT e altri modelli linguistici per sfruttare al massimo le loro potenzialità e migliorare la vita delle persone.

C) RACCOMANDAZIONI PER UN USO RESPONSABILE DI CHATGPT.

ChatGTP suggerisce alcune raccomandazioni per un uso responsabile di ChatGPT e di altri modelli linguistici:

1. Garantire la privacy e la sicurezza dei dati personali: è importante garantire che i dati personali siano gestiti in modo responsabile e sicuro. Ciò include l'implementazione di adeguate misure di privacy e sicurezza e la revisione regolare delle politiche e delle pratiche sulla privacy.

2. Affrontare la disinformazione e la manipolazione: è importante affrontare la disinformazione e la manipolazione in ChatGPT e in altri modelli linguistici per garantire che le informazioni siano accurate e affidabili. Ciò può includere l'implementazione di misure di verifica dei dati e l'educazione sull'importanza dell'accuratezza dei dati.

3. Promuovere l'uguaglianza e la diversità: è importante affrontare la rappresentazione distorta in ChatGPT e altri modelli linguistici garantire una rappresentazione giusta ed equa della società e della diversità. Ciò può includere la revisione periodica dei dati

utilizzati nella formazione e l'attuazione di misure per garantire un'equa rappresentanza.

4. Considera la regolamentazione e il controllo del governo: è importante considerare la regolamentazione e il controllo del governo per garantire un uso responsabile ed etico di ChatGPT e di altri modelli linguistici. Ciò può includere la revisione regolare delle politiche e delle pratiche sulla privacy, l'implementazione di misure di verifica delle informazioni e l'educazione sull'importanza dell'uso responsabile ed etico della tecnologia.

5. Promuovere l'educazione e la consapevolezza: è importante promuovere l'educazione e la consapevolezza su ChatGPT e altri modelli linguistici per garantire un uso responsabile ed etico. Ciò può includere l'istruzione su come funzionano questi modelli e l'importanza dell'accuratezza e della privacy dei dati.

In sintesi, queste raccomandazioni possono aiutare a garantire un uso responsabile ed etico di ChatGPT e di altri modelli linguistici. al momento dell'imbarco privacy e sicurezza dei dati personali, disinformazione e manipolazione, rappresentanza equa, regolamentazione e controllo del governo, educazione e consapevolezza, è possibile sfruttare tutto il potenziale di questa tecnologia e garantire un ambiente etico e sostenibile.